MON PETIT MONDE ■ 6/9 ANS

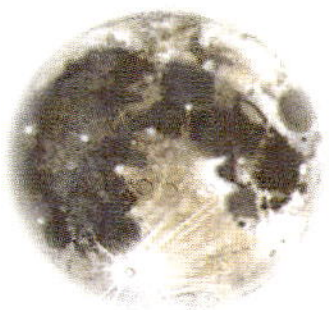

La Lune

Ian Graham

NATHAN

Sommaire

Conseiller : Philippe de La Cotardière
Illustrateurs : Ray Grinaway, Roger Stewart
Photographes : John Frassanito et Associés/NASA (page 30)

Édition originale parue sous le titre
The Best-Ever Book of The Moon

Première édition : Kingfisher, une marque de Larousse Plc

Pour l'édition française :

Conforme à la loi n° 49-956 du 16 juillet 1949 sur les publications destinées à la jeunesse.

ISBN : 2-09-243006-8
N°d'éditeur : 10070250
Composition : PFC-Dole
Dépôt légal : juin 99
Imprimé en Chine

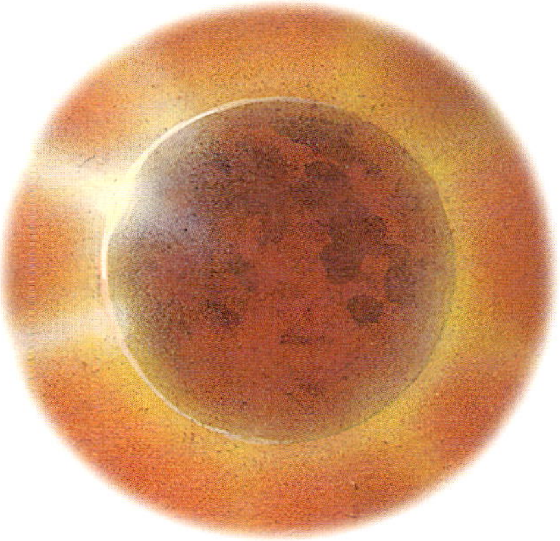

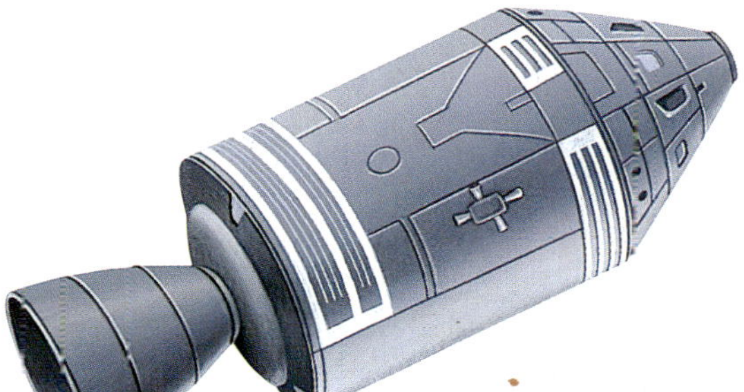

La magie de la Lune

Dans l'Antiquité, beaucoup de peuples considéraient la Lune comme un dieu ou une déesse. Les Romains appelaient leur déesse lune Luna. Les Égyptiens vénéraient le dieu lune Khonsou. D'autres peuples lui attribuaient des pouvoirs magiques. Certains pensaient que la pleine Lune pouvait faire hurler les loups ou rendre les gens fous. Aujourd'hui, ces croyances ont généralement disparu, mais les hommes restent fascinés par la mystérieuse beauté de la Lune.

Des légendes sur la Lune
Dans les contes et légendes de plusieurs pays, la face de la lune est le visage d'un homme envoyé là en pénitence pour avoir volé. D'autres peuples voyaient dans les taches visibles à la surface de la Lune des formes d'animaux - chat, grenouille ou lièvre.

Observer la Lune

Les astronomes étudient la Lune grâce à de puissants télescopes installés sous des coupoles au sommet de hautes montagnes. Ces coupoles les protègent des intempéries. Loin au-dessus des fumées d'usine, des gaz d'échappement des voitures et des lumières des villes, l'air est plus pur et plus clair ; ce qui permet de mieux voir le ciel de nuit. Mais il n'est pas nécessaire d'avoir un puissant télescope pour observer la Lune. On peut l'observer simplement à l'œil nu.

Pendant la journée
La Lune se lève et se couche, comme le Soleil. On peut parfois la voir pendant la journée. Mais elle est plus difficile à repérer, car la lumière du Soleil rend le ciel très clair et la Lune s'y confond.

La Lune observée
à l'œil nu...

... avec des jumelles...

... et avec
un petit télescope

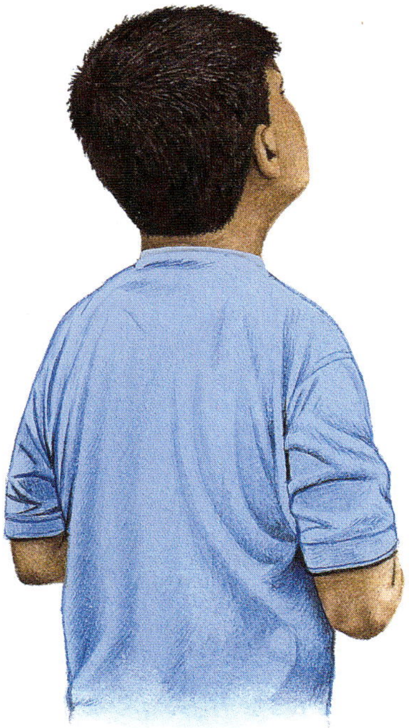

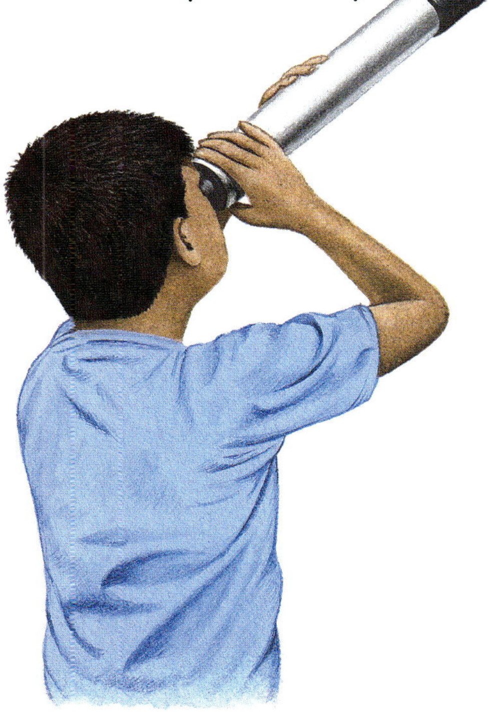

À l'œil nu

La nuit, on voit facilement la Lune à l'œil nu. On peut la voir changer de forme nuit après nuit, et distinguer les taches d'ombre et de lumière sur sa surface.

Avec des jumelles

Avec une paire de jumelles, on voit la Lune de plus près. Elles permettent de distinguer les montagnes, les vallées, et les cratères de la Lune.

Au télescope

Un petit télescope permet d'en voir davantage. Il révèle des centaines de petits cratères, les parois des plus gros et les ombres projetées par les montagnes de la Lune.

Observatoire installé au sommet d'une montagne

La Lune dans l'espace

Dans l'espace, la Lune est notre plus proche voisine, mais elle est néanmoins très éloignée de nous. Si elle nous paraît si grosse, c'est simplement parce qu'elle est plus proche de nous que n'importe quel autre astre. Elle semble briller, mais elle n'émet pas de lumière. Elle ne fait que refléter, ou renvoyer, la lumière du Soleil qui brille à sa surface.

Données lunaires

Distance de la Terre :
entre 360 000 km
et 406 600 km
Taille : 3 476 km
de diamètre
Température :
120°C en plein jour
(assez chaud pour faire
fondre du plomb)
—160°C en pleine nuit
Mouvement autour de la Terre :
en 27 jours
et 8 heures

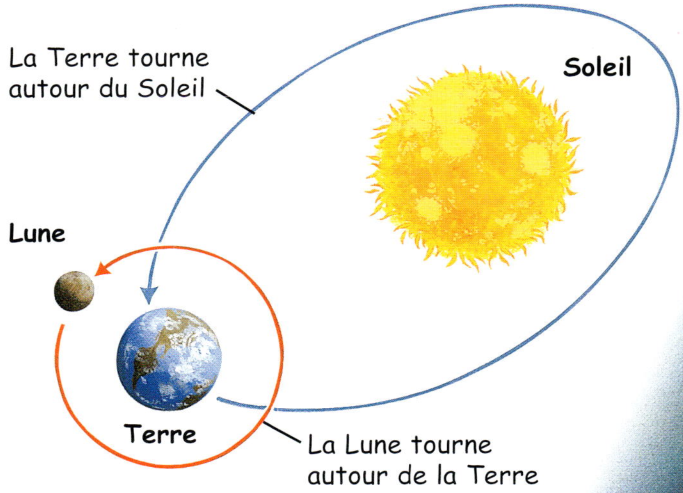

La Lune en mouvement

La Lune voyage autour de la Terre, et la Terre autour du Soleil, en suivant un ovale sans fin, appelé orbite.

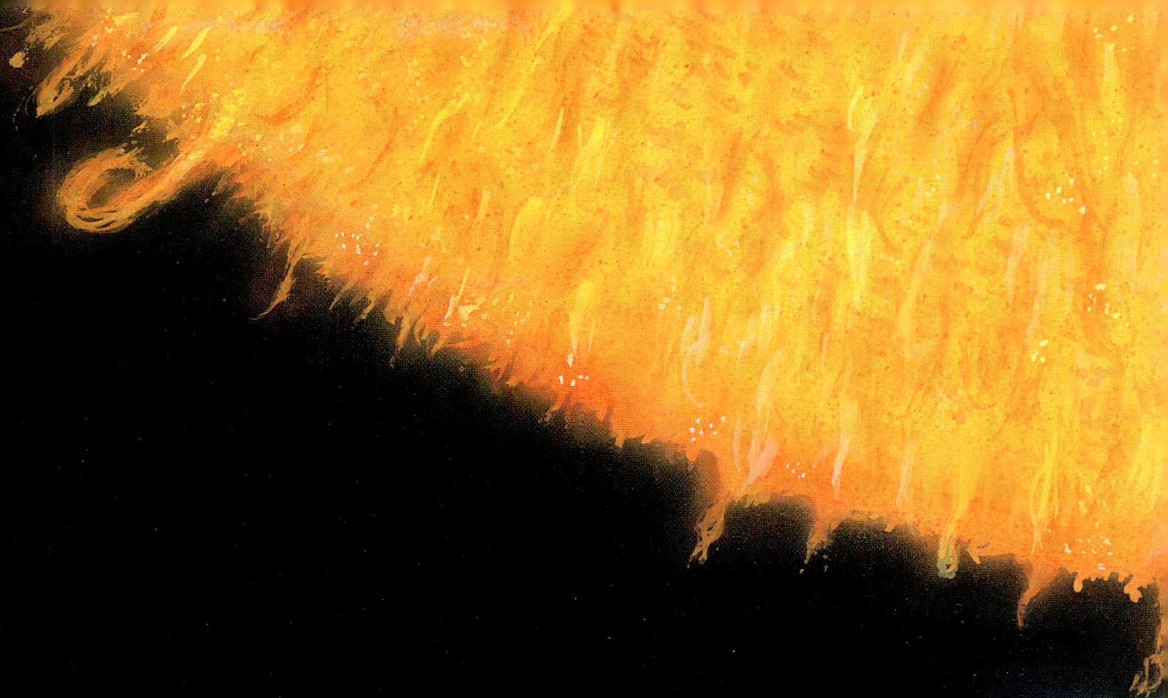

Le Soleil, la Lune et la Terre tournant dans l'espace

Ce que nous voyons

Vue de la Terre, la partie éclairée de la Lune change de forme nuit après nuit. Cela vient de la position de la Lune par rapport au Soleil. En fait, le Soleil éclaire toujours une face entière de la Lune.

Nouvelle lune
La partie éclairée de la Lune est du côté opposé à la Terre et la Lune paraît sombre.

Premier croissant
Un ou deux jours plus tard, une petite partie de la Lune est éclairée, et elle nous montre un croissant en D.

Premier quartier
En une semaine, la Lune a fait un quart de son orbite autour de la Terre. On voit une demi-lune.

Lune gibbeuse
Quelques jours plus tard, nous voyons davantage sa surface. C'est la Lune gibbeuse.

Les phases de la Lune

On appelle les changements d'apparence de la Lune des phases. La Lune met 29 jours et demi à passer d'une nouvelle lune à l'autre. C'est un mois lunaire. Quand la partie éclairée de la Lune augmente, on dit qu'elle croît. Quand elle diminue, on dit que la Lune décroît.

Fêtes de la lune
Dans certains pays d'Asie, on célèbre la beauté de la Lune durant le huitième mois lunaire, où elle paraît plus brillante qu'à tout autre moment de l'année. Les enfants portent des masques de lune et des lanternes.

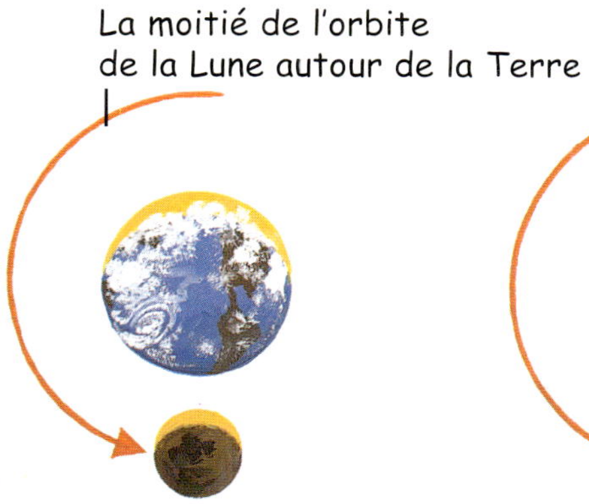

Pleine lune

À la pleine lune, la Lune a parcouru la moitié de son orbite ; sa face visible de la Terre est tout éclairée.

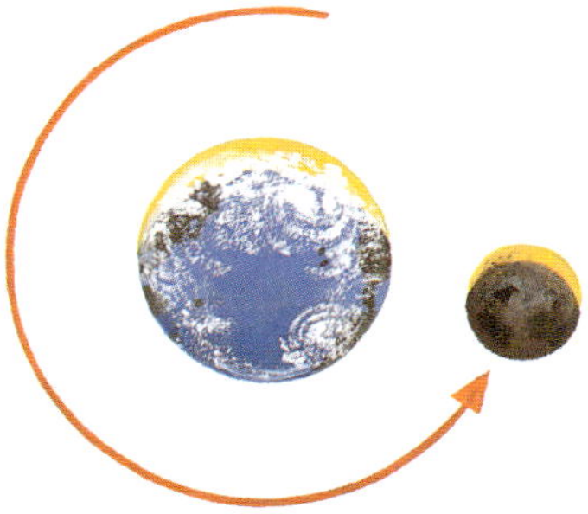

Lune gibbeuse

Après la pleine lune, la partie éclairée de la Lune, visible de la Terre, commence à décroître.

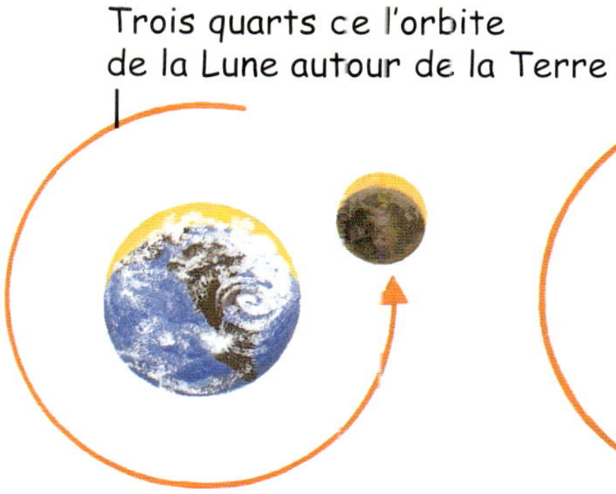

Dernier quartier

Une semaine après c'est à nouveau une demi-lune. La Lune entame le dernier quart de son orbite.

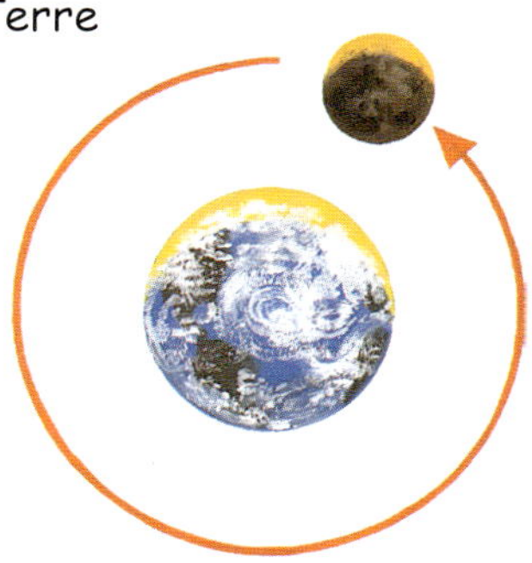

Dernier croissant

Quand la Lune a parcouru presque son orbite, on voit un mince croissant.

La fête de la Lune à la mi-automne, au Viêtnam, en Asie

Les éclipses

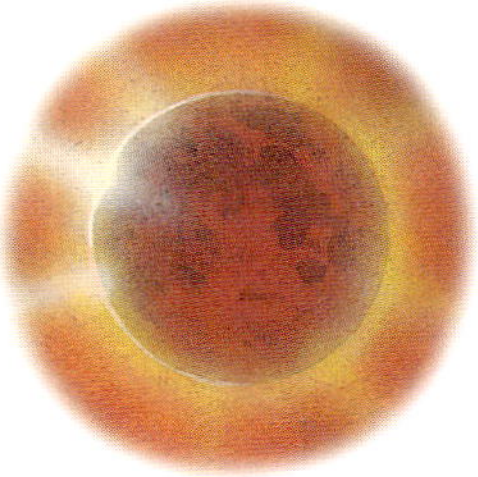

La Terre et la Lune projettent de longues ombres dans l'espace. Quand la Lune est à l'opposé du Soleil par rapport à la Terre, il arrive qu'elle traverse l'ombre de la Terre. C'est ce qu'on appelle une éclipse de Lune. La Lune ne disparaît pas mais prend une teinte rougeâtre. Quand la Lune passe entre le Soleil et la Terre, elle cache la lumière du Soleil pendant quelques minutes. C'est une éclipse de Soleil.

Éclipse totale de Soleil

Lors d'une éclipse totale de Soleil, l'ombre de la Lune cache entièrement le disque du Soleil. La couronne – l'atmosphère extérieure du Soleil – apparaît. Habituellement, on ne peut la voir car la lumière du Soleil est trop éblouissante.
Des scientifiques se déplacent du monde entier pour observer des éclipses de Soleil.

Attention, danger !

On ne doit jamais regarder directement le Soleil dont la lumière peut abîmer la vue, ni indirectement le reflet du Soleil éclipsé.

Tu trouveras page 31 la liste des éclipses de Soleil et de Lune.

Types d'éclipses

Une éclipse de Soleil est *totale* aux endroits de la surface de la Terre qui se trouvent dans l'ombre de la Lune. Vue d'un endroit situé dans la pénombre, l'éclipse est *partielle.*

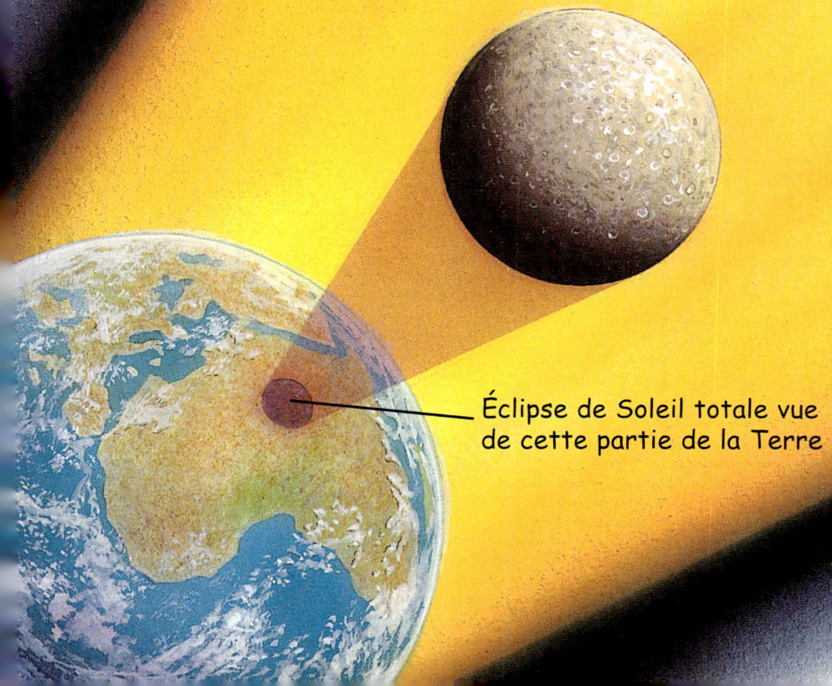

La Lune et les marées

Deux fois par jour, les océans montent à l'assaut des côtes, puis reculent. Ce mouvement de l'eau, appelé marée, est dû à l'attraction de la Lune, qui attire l'océan et la Terre vers elle. Cette attraction crée un renflement de la masse d'eau du côté de la Terre le plus proche de la Lune, et un autre du côté opposé. Ces masses d'eau, en se déplaçant sur la Terre, provoquent les marées.

Première marée haute
Quand la Lune est au-dessus de cette ville, elle élève l'eau vers les côtes, et produit la première marée haute.

Marées de vive-eau et de morte-eau
À la pleine lune et à la nouvelle lune, la Lune et le Soleil sont alignés avec la Terre. L'attraction supplémentaire du Soleil provoque de grandes marées (marées de vive-eau). Au premier et au dernier quartier, l'attraction du Soleil s'oppose à celle de la Lune ; aussi les marées sont moins fortes (marées de morte-eau).

Première marée basse

Pendant que la Terre tourne, l'attraction de la Lune devient plus faible à cet endroit. Le niveau de la mer baisse – première marée basse.

Seconde marée haute

Lorsque la Lune est de l'autre côté de la Terre, un second renflement de la masse d'eau produit une seconde marée haute.

Seconde marée basse

La rotation de la Terre fait à nouveau descendre la marée. On assiste alors à cet endroit à la seconde marée basse.

Explorer la Lune

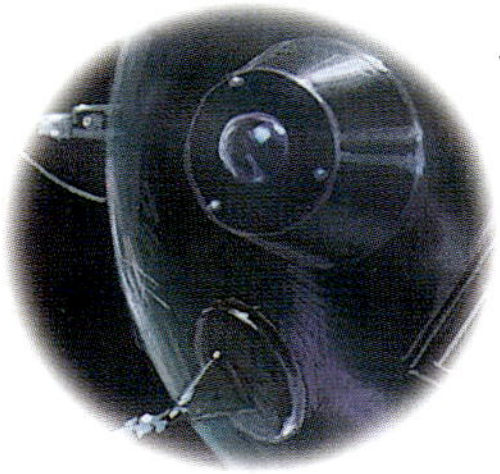

L'ère spatiale, commencée en 1957, a amélioré les connaissances sur la Lune. En 1959, une petite sonde spatiale baptisée Luna 2 fut le premier engin à atteindre la Lune. Pendant dix ans, des dizaines d'engins spatiaux tournèrent autour de la Lune, la photographiant, se posant sur sa surface. Ces sondes automatiques permirent aux scientifiques de s'assurer qu'on pouvait envoyer des hommes sur la Lune.

Surveyor 1 fut le premier engin à se poser sur la Lune.

Atterrissage possible

Sept engins Surveyor furent envoyés sur la Lune. Ils montrèrent que la surface de la Lune est solide et qu'on peut marcher dessus.

Luna 2 fut le premier engin à atteindre la Lune.

Eagle s'est posé

La phrase célèbre « Eagle s'est posé » fut prononcée par Neil Armstrong le 20 juillet 1969, quand le module lunaire d'Apollo 11, surnommé Eagle (« l'Aigle »), se posa sur la Lune. Quelques heures plus tard, il était le premier homme à marcher sur la Lune.
De 1969 à 1972, en 7 missions Apollo, 12 astronautes ont marché sur la Lune.

La capsule Gemini
Beaucoup de manœuvres pour atterrir sur la Lune étaient sans précédent. Les astronautes opéraient dans un petit engin à deux places, Gemini.

La mission lunaire Apollo 14

Marcher sur la Lune

Les astronautes d'Apollo ont exploré la Lune pendant sept heures d'affilée. Ils portaient une combinaison équipée d'un sac à dos qui fournissait l'oxygène. La pesanteur lunaire est six fois plus faible que celle de la Terre. Ainsi, l'équipement, qui pesait 81 kg sur Terre, ne pesait plus que 13,6 kg sur la Lune et était de ce fait beaucoup plus léger.

La collecte d'échantillons de roches lors de la mission Apollo17

Des pas de géant

Les astronautes devaient s'habituer à marcher avec une faible pesanteur.

Ils prévoyaient toujours deux pas à l'avance pour pouvoir s'arrêter ou tourner.

Chaque foulée soulevait des nuages de fine poussière qui recouvrait leurs bottes.

Les engins spatiaux

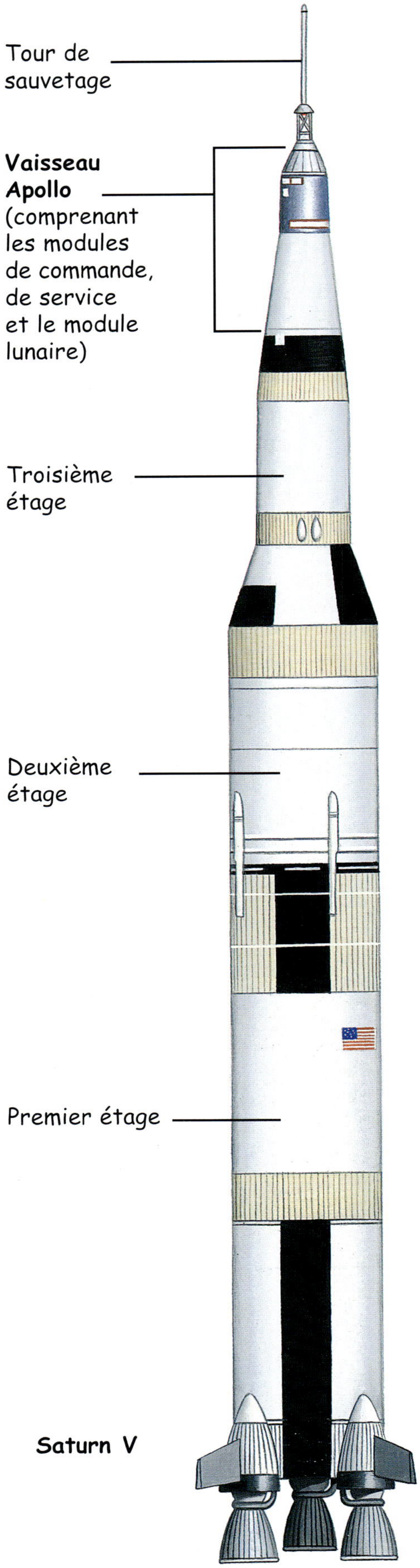

Les vaisseaux Apollo furent lancés dans l'espace par la plus grande fusée du monde, Saturn V. Saturn V mesurait 110 mètres de haut et pesait presque 3 000 tonnes, masse dûe au combustible nécessaire au lancement du vaisseau Apollo.

La fusée Saturn V

Elle se composait de trois fusées, ou « étages ». Quand un étage n'avait plus de carburant, il se détachait et l'étage suivant le relayait.

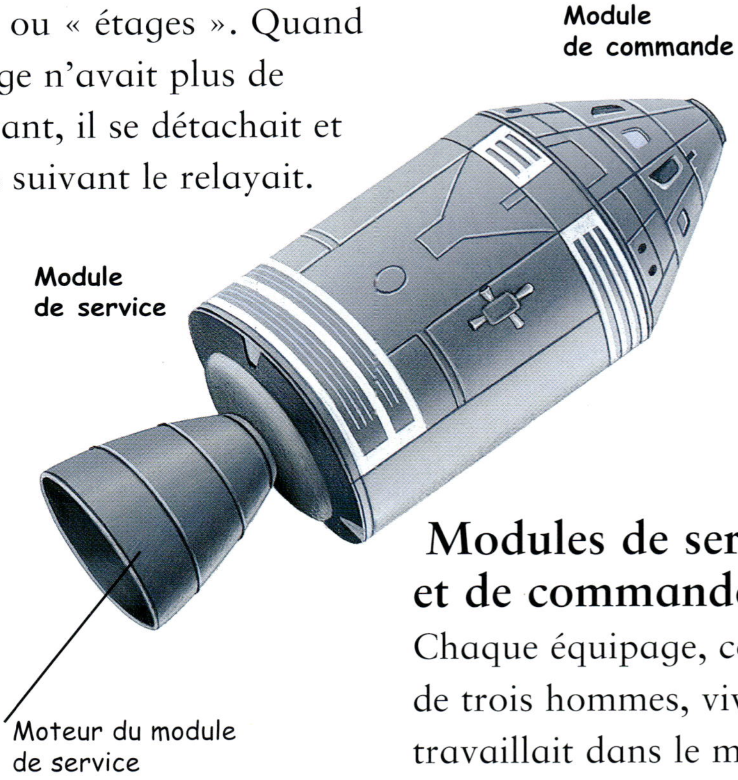

Modules de service et de commande

Chaque équipage, composé de trois hommes, vivait et travaillait dans le module de commande en forme de cône. Le module de service donnait l'électricité, l'eau et l'oxygène.

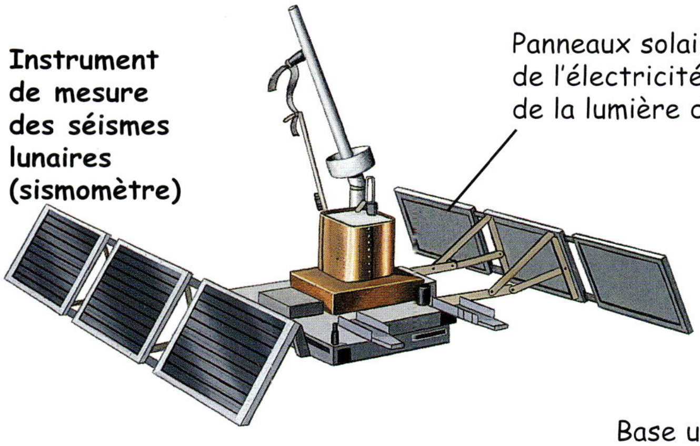

Expériences lunaires

Les astronautes ont mesuré la température de la Lune, détecté les séismes, et utilisé un miroir laser pour mesurer la distance exacte entre la Terre et la Lune.

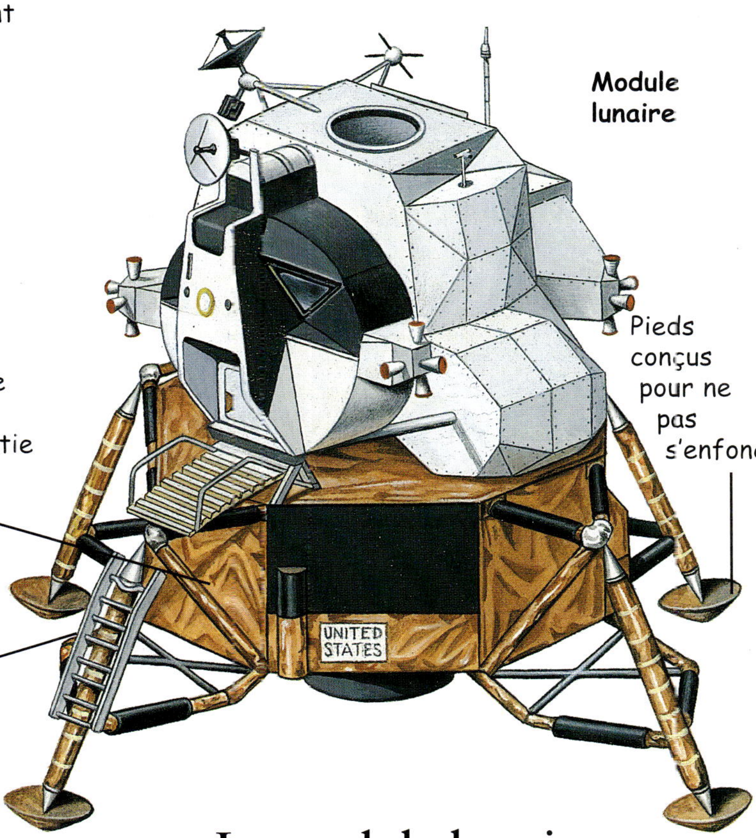

Le module lunaire

le module lunaire déposait deux astronautes sur la Lune. Le troisième astronaute restait dans le module de commande.

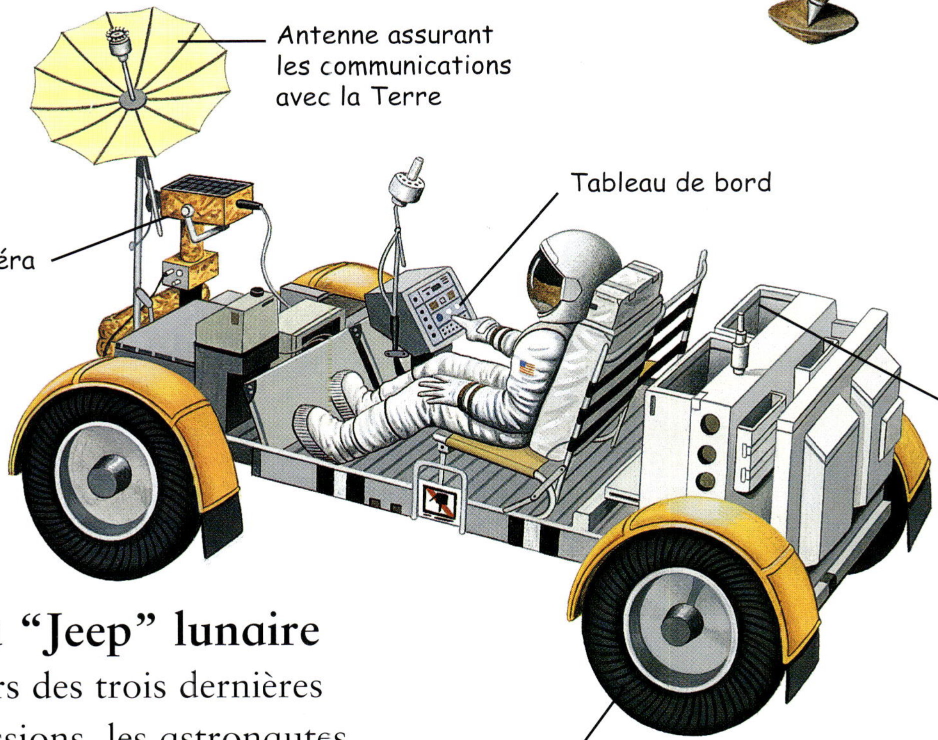

La "Jeep" lunaire

Lors des trois dernières missions, les astronautes utilisèrent une "Jeep" qui leur permit de s'éloigner davantage du module de commande.

Les échantillons de roches

Leurs combinaisons ne permettaient pas aux astronautes de se pencher. Pour ramasser des fragments de roches, ils utilisaient des pinces à longs manches.

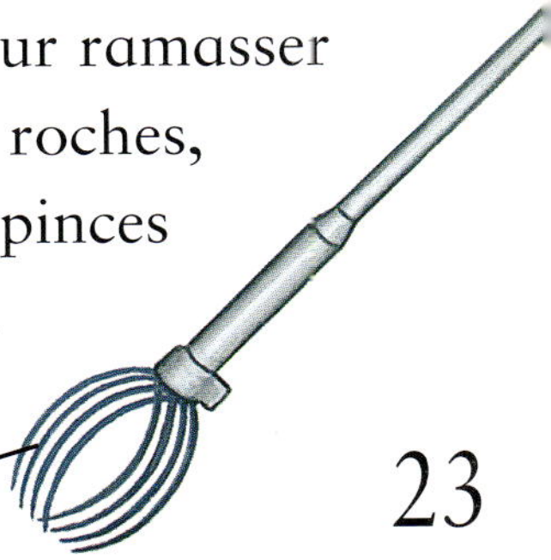

La surface de la Lune

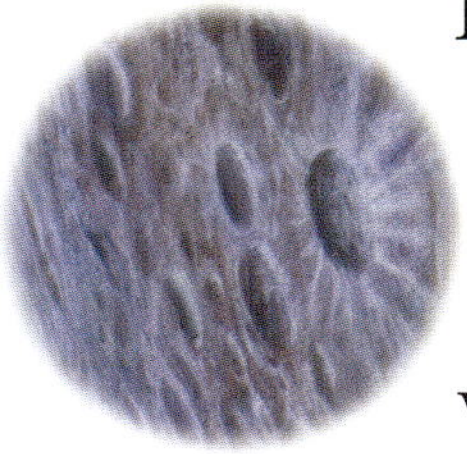

La Lune montre toujours la même face à la Terre ; aussi les taches sombres et claires que nous voyons à sa surface ne changent jamais. Les zones les plus sombres sont des plaines formées de vastes nappes de roche fondue, qui s'est refroidie et durcie il y a des milliards d'années. On appelle ces plaines des *mers*, bien qu'elles ne contiennent pas d'eau. Les zones les plus claires sont des cratères, des montagnes et des vallées, recouverts d'une poussière de roches appelée régolithe.

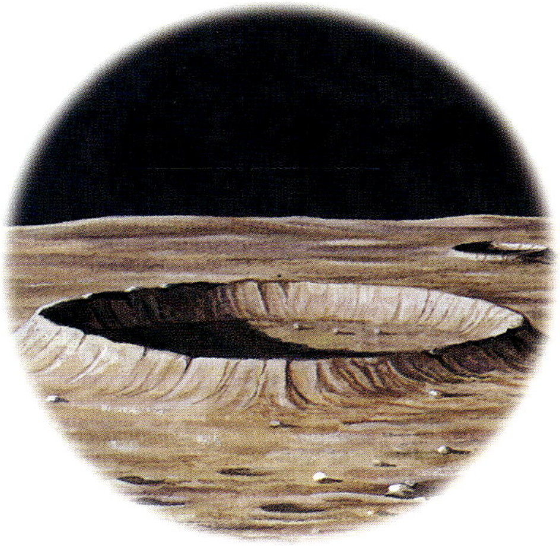

Les cratères

Presque toute la surface de la Lune est recouverte de milliers de cratères, creusés par la chute de rochers.

Les montagnes

Elles couvrent un sixième de la surface de la Lune. Ce sont les parties les plus anciennes de la Lune.

Les vallées

Parfois longues et étroites, elles résultent de failles dans la croûte ou ont été creusées par des rivières de lave.

L'histoire de la Lune

Les échantillons de roches et de sol collectés ont fourni d'importantes informations. Les études ont montré que ces roches diffèrent peu de celles trouvées sur la Terre. C'est pourquoi l'on pense maintenant que la Lune s'est peut-être formée à partir de débris de la terre, après une collision.

Échantillon de sol lunaire contenant des petits morceaux de roche et de verre

La naissance de la Lune

1

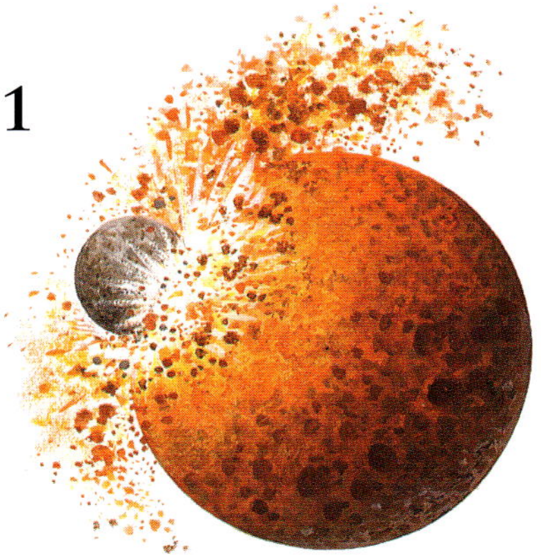

1 Certains spécialistes pensent que la Lune s'est formée il y a 4,6 milliards et demi d'années, quand la Terre entra en collision avec un astre gros comme Mars.

2 La collision aurait arraché un énorme morceau de la Terre, et aurait envoyé dans l'espace une multitude de débris qui se seraient mis en orbite autour de la Terre.

2

3

3 Au bout de plusieurs millions d'années, les débris se sont agglomérés pour former la Lune. Plus tard, de la lave en fusion remonta, formant les mers.

La formation d'un cratère

1 La plupart des cratères de la Lune ont été créés par des météorites tombées dans les mers ou dans des cratères plus anciens.

2 La chaleur intense dégagée par la collision a détruit la météorite, brisé et fait fondre les roches environnantes.

3 De la roche et de la poussière projetées dans l'espace sont retombées autour de cratères minuscules ou parfois immenses.

Cratère en terrasse

Cratère concentrique

Cratère à rayons

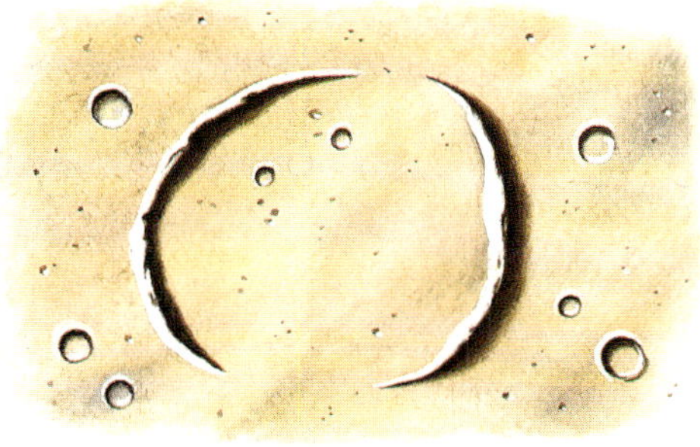

Cratère fantôme

Les cratères lunaires

La plupart sont de simples creux en forme de bol, bordés de petites parois. D'autres ont de hautes parois en terrasse, et des collines ou des montagnes au centre.
Les cratères concentriques ressemblent à des anneaux entourés d'anneaux .
Les cratères à rayons sont auréolés de rayons gris, constitués de roches ; les plus vieux ou fantômes sont remplis de roche fondue.

Cartes de la Lune

Les premières cartes, dessinées par les astronomes il y a près de 400 ans, ne montraient pas tous les cratères et les mers. Lorsque leurs instruments se sont perfectionnés, les cartes sont devenues plus détaillées. Les cartes lunaires les plus précises ont été établies à partir de photographies prises par des sondes spatiales dans les années 60.

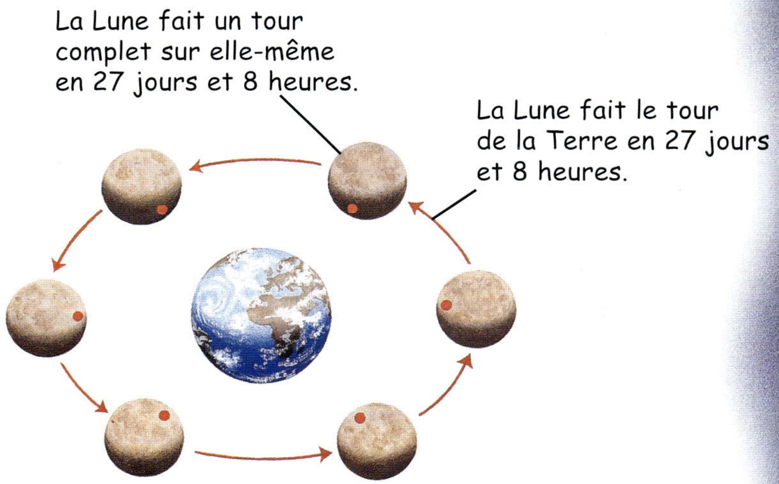

Pourquoi nous ne voyons qu'une face

La Lune met la même durée à tourner sur elle-même et autour de la Terre. C'est pourquoi nous en voyons toujours la même face.

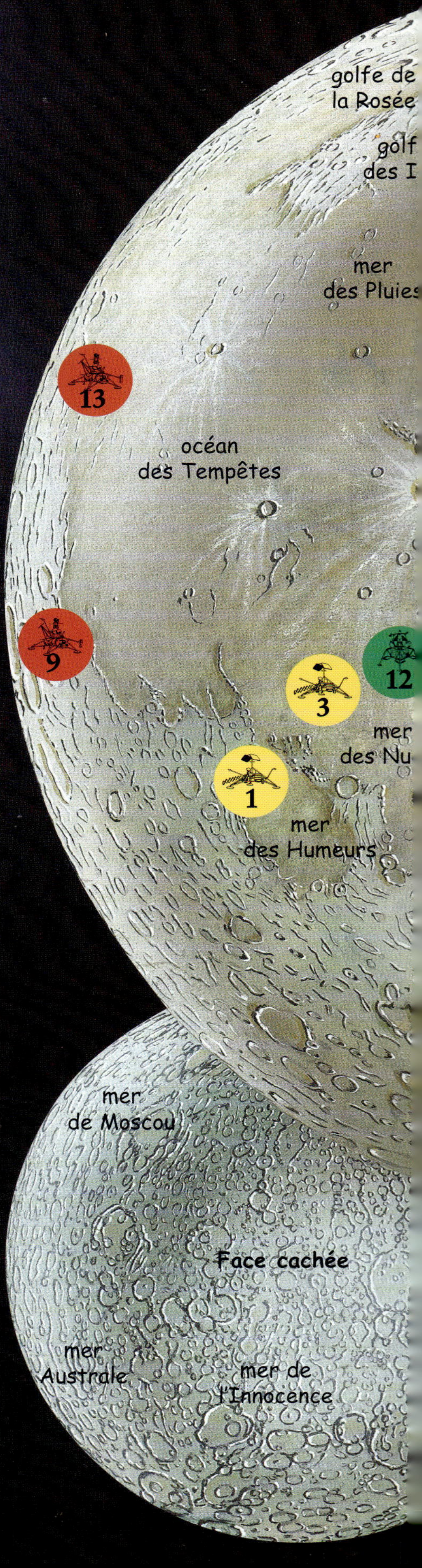

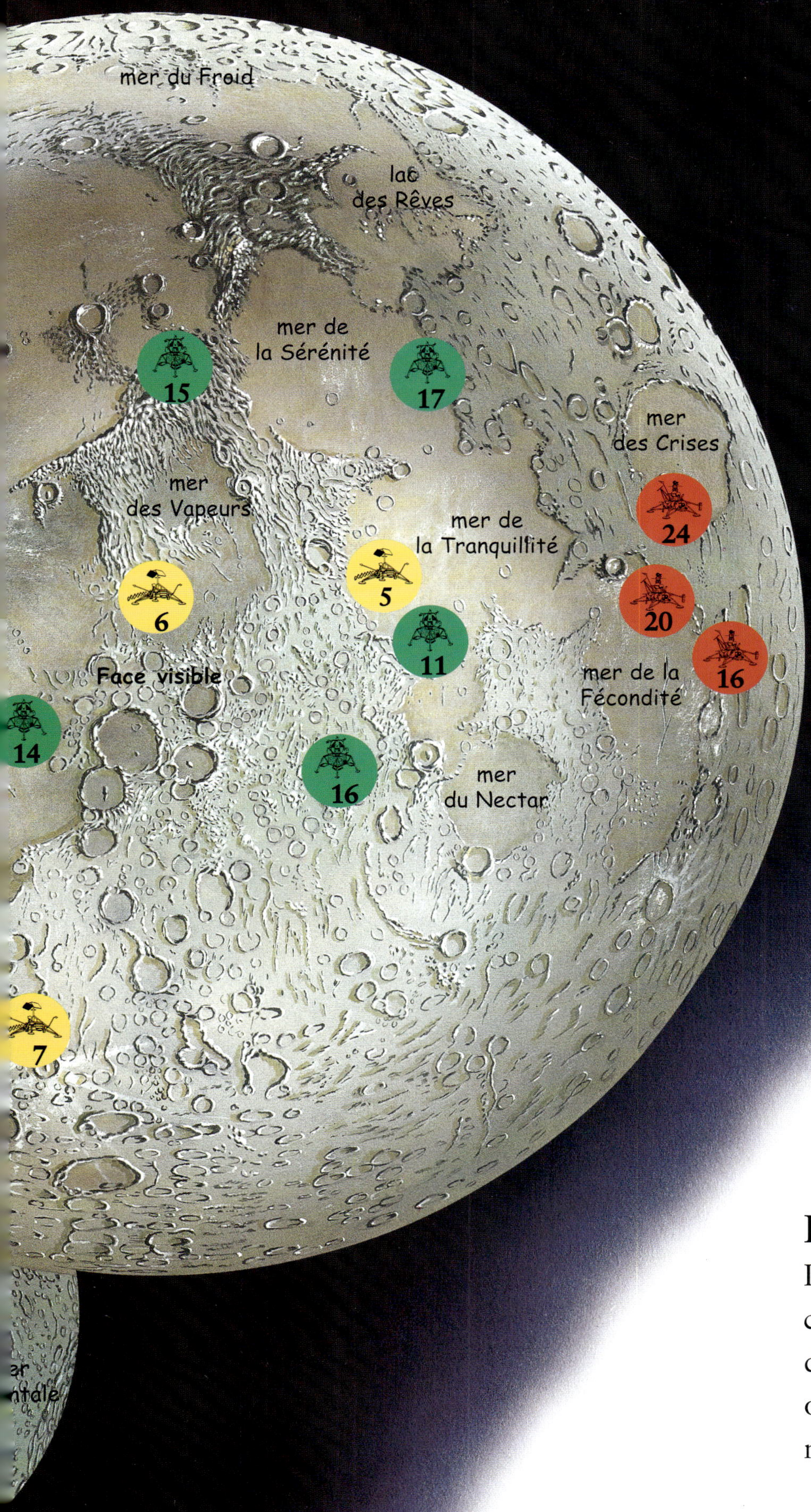

Type et nombre de missions

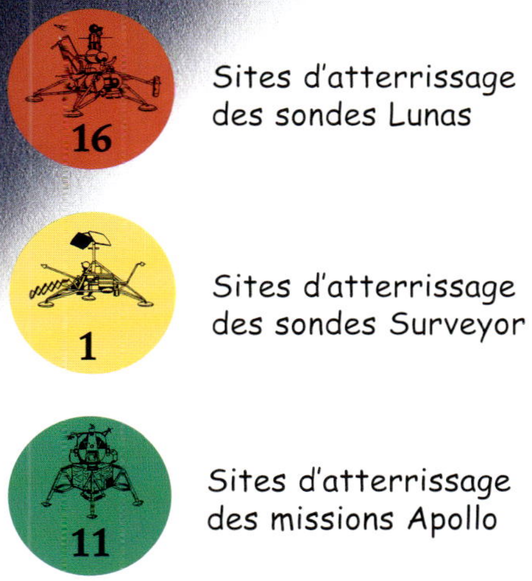

La face cachée de la Lune

Personne n'avait jamais vu la face cachée de la Lune avant les photos d'une sonde en 1959. Cette face offre plus de cratères et moins de mers que la face visible de la Terre.

Bases lunaires

Dans le futur, des hommes pourront aller vivre et travailler sur la Lune. On construira d'énormes engins en orbite autour de la Lune pour envoyer des astronautes vers d'autres planètes. On extraira des roches lunaires des minéraux précieux. Les astronomes souhaiteraient installer des télescopes sur la face cachée de la Lune pour pouvoir observer les étoiles et les galaxies dans d'excellentes conditions.

La sonde Lunar Prospecto

En 1998, Lunar Prospector a trouvé de la glace sur la Lune. Cette eau pourrait servir à fabriquer de l'oxygène et de l'hydrogène sur la Lune.

Des mines lunaires

Des minéraux précieux pourront être extraits du sol lunaire et expédiés sur Terre. Les mineurs vivront dans une base lunaire et travailleront en combinaison spatiale.

Expédition d'un réservoir d'oxygène

Installation d'un réservoir d'oxygène

Construction des habitations

Arrivée de l'équipage

Vie et travail sur la Lune

Glossaire

antenne Fil, cadre ou plaque métallique servant à envoyer et recevoir des signaux radio.

Apollo Programme spatial américain qui envoya des astronautes sur la Lune.

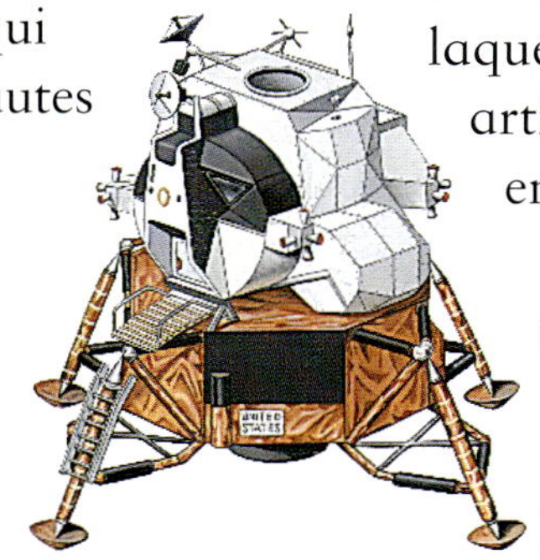

basalte Roche volcanique constituée de lave solidifiée. C'est la roche la plus répandue sur la Terre et la Lune.

brèche Roche constituée de poussière et de roche compressées par la chute d'un objet.

couronne L'atmosphère du Soleil, visible seulement au cours d'une éclipse solaire.

croissant Qui semble grandir.

décroissant Qui semble rapetisser.

ère spatiale Période qui a débuté le 4 octobre 1957, date à laquelle le premier satellite artificiel, Spoutnik 1, a été mis en orbite autour de la Terre.

gibbeuse Définit la phase de la lune où sa partie visible est plus grande que la moitié mais plus petite qu'un disque entier.

marées Le mouvement de va-et-vient de la mer qui se produit deux fois par jour en raison de l'attraction de la Lune.

mer Désignation donnée par les premiers astronomes aux taches sombres visibles à la surface de la Lune, qu'ils supposaient remplies d'eau.

mer de la Tranquillité Région de la Lune où les premiers astronautes se sont posés en 1969.

module Partie d'un engin spatial.

orbite Trajectoire d'un engin spatial autour de la Lune, de la Lune autour de la Terre, d'une planète autour du Soleil, etc.

oxygène Gaz sans couleur ni odeur, indispensable à l'homme pour respirer.

rainure Vallée lunaire longue et étroite creusée par des flots de lave.

Éclipses de Lune et de Soleil

Date	Type	Visible de
28 juillet 1999	lunaire	Amérique du Nord et du Sud, Asie, Australie
11 août 1999	solaire	Europe, Inde, Moyen-Orient
21 janvier 2000	lunaire	Amérique du Nord et du Sud, Asie, Australie, Afrique orientale
5 février 2000	solaire	Antarctique
1er juillet 2000	solaire	Océan Pacifique Sud, Patagonie
16 juillet 2000	lunaire	Asie, Australie, océan Pacifique
31 juillet 2000	solaire	Sibérie, pôle Nord, Alaska, nord du Canada, Groenland
25 décembre 2000	solaire	Amérique du Nord
9 janvier 2001	lunaire	Afrique, Europe, Asie
21 juin 2001	solaire	Océan Atlantique Sud, Afrique du Sud, Madagascar
5 juillet 2001	lunaire	Afrique orientale, Asie, Australie
14 décembre 2001	solaire	Océan Pacifique, Costa Rica
30 décembre 2001	solaire	Asie, Australie, Amérique du Nord et du Sud

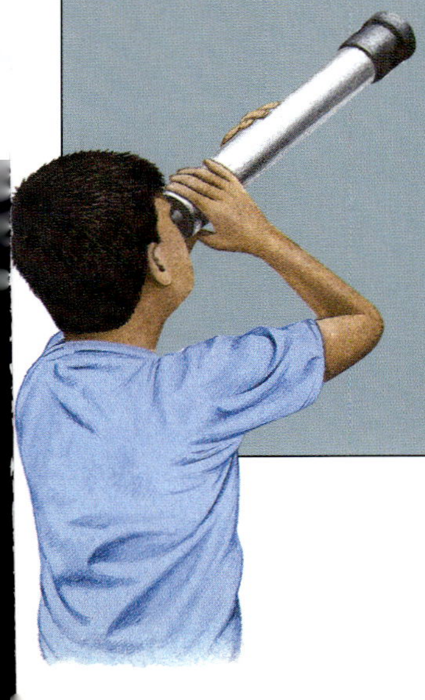

Index

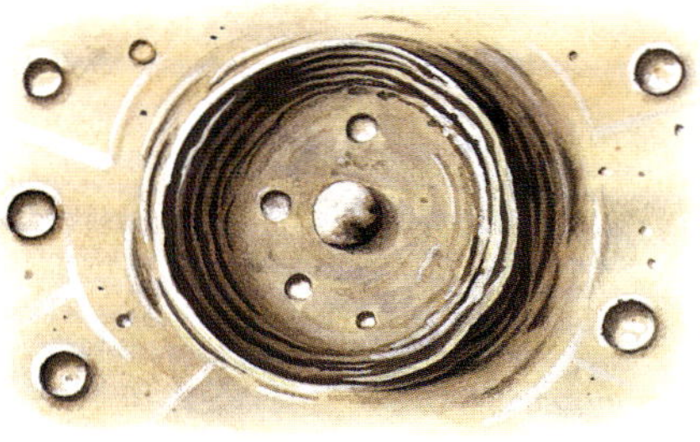

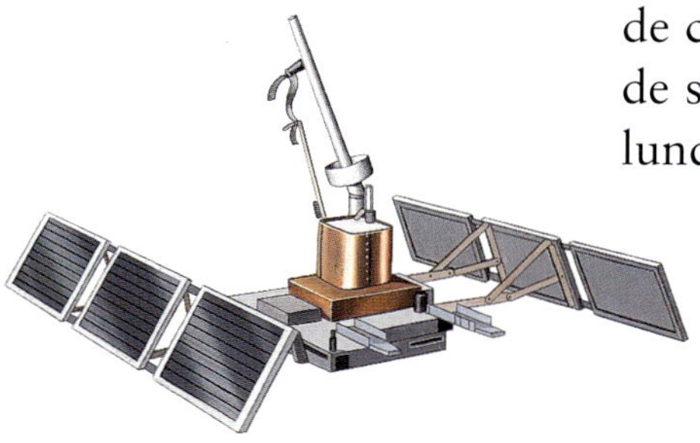